中华人民共和国邮政法
快递暂行条例
快递市场管理办法

大字本

中国法治出版社

图书在版编目（CIP）数据

中华人民共和国邮政法 快递暂行条例 快递市场管理办法：大字本／中国法治出版社编. -- 北京：中国法治出版社，2025.4. -- ISBN 978-7-5216-5175-1

I．D922.296

中国国家版本馆 CIP 数据核字第 202569ZA40 号

中华人民共和国邮政法 快递暂行条例 快递市场管理办法：大字本
ZHONGHUA RENMIN GONGHEGUO YOUZHENGFA KUAIDI ZANXING TIAOLI KUAIDI SHICHANG GUANLI BANFA：DAZIBEN

经销／新华书店
印刷／鸿博睿特（天津）印刷科技有限公司
开本／880 毫米×1230 毫米 32 开　　印张／2.75　字数／29 千
版次／2025 年 4 月第 1 版　　　　　　2025 年 4 月第 1 次印刷

中国法治出版社出版
书号 ISBN 978-7-5216-5175-1　　　　　　　　　　定价：10.00 元

北京市西城区西便门西里甲 16 号西便门办公区
邮政编码：100053　　　　　　　　　传真：010-63141600
网址：http://www.zgfzs.com　　　编辑部电话：010-63141799
市场营销部电话：010-63141612　　印务部电话：010-63141606

（如有印装质量问题，请与本社印务部联系。）

目　　录

中华人民共和国邮政法 …………………………（1）

快递暂行条例……………………………………（36）

快递市场管理办法………………………………（60）

中华人民共和国邮政法

（1986年12月2日第六届全国人民代表大会常务委员会第十八次会议通过 2009年4月24日第十一届全国人民代表大会常务委员会第八次会议修订 根据2012年10月26日第十一届全国人民代表大会常务委员会第二十九次会议《关于修改〈中华人民共和国邮政法〉的决定》第一次修正 根据2015年4月24日第十二届全国人民代表大会常务委员会第十四次会议《关于修改〈中华人民共和国义务教育法〉等五部法律的决定》第二次修正）

目　　录

第一章　总　　则

第二章　邮政设施

第三章　邮政服务

第四章　邮政资费

第五章　损失赔偿

第六章　快递业务

第七章　监督检查

第八章　法律责任

第九章　附　　则

第一章　总　　则

第一条　为了保障邮政普遍服务，加强对邮政市场的监督管理，维护邮政通信与信息安全，保护通信自由和通信秘密，保护用户合法权益，促进邮政业健康发展，适应经济社会发展和人民生活需要，制定本法。

第二条 国家保障中华人民共和国境内的邮政普遍服务。

邮政企业按照国家规定承担提供邮政普遍服务的义务。

国务院和地方各级人民政府及其有关部门应当采取措施，支持邮政企业提供邮政普遍服务。

本法所称邮政普遍服务，是指按照国家规定的业务范围、服务标准，以合理的资费标准，为中华人民共和国境内所有用户持续提供的邮政服务。

第三条 公民的通信自由和通信秘密受法律保护。除因国家安全或者追查刑事犯罪的需要，由公安机关、国家安全机关或者检察机关依照法律规定的程序对通信进行检查外，任何组织或者个人不得以任何理由侵犯公民的通信自由和通信秘密。

除法律另有规定外，任何组织或者个人不得检查、扣留邮件、汇款。

第四条 国务院邮政管理部门负责对全国的邮

政普遍服务和邮政市场实施监督管理。

省、自治区、直辖市邮政管理机构负责对本行政区域的邮政普遍服务和邮政市场实施监督管理。

按照国务院规定设立的省级以下邮政管理机构负责对本辖区的邮政普遍服务和邮政市场实施监督管理。

国务院邮政管理部门和省、自治区、直辖市邮政管理机构以及省级以下邮政管理机构（以下统称邮政管理部门）对邮政市场实施监督管理，应当遵循公开、公平、公正以及鼓励竞争、促进发展的原则。

第五条 国务院规定范围内的信件寄递业务，由邮政企业专营。

第六条 邮政企业应当加强服务质量管理，完善安全保障措施，为用户提供迅速、准确、安全、方便的服务。

第七条 邮政管理部门、公安机关、国家安全机关和海关应当相互配合，建立健全安全保障机制，加强对邮政通信与信息安全的监督管理,确保邮政通信与信息安全。

第二章 邮 政 设 施

第八条 邮政设施的布局和建设应当满足保障邮政普遍服务的需要。

地方各级人民政府应当将邮政设施的布局和建设纳入城乡规划,对提供邮政普遍服务的邮政设施的建设给予支持,重点扶持农村边远地区邮政设施的建设。

建设城市新区、独立工矿区、开发区、住宅区或者对旧城区进行改建,应当同时建设配套的提供邮政普遍服务的邮政设施。

提供邮政普遍服务的邮政设施等组成的邮政网络是国家重要的通信基础设施。

第九条 邮政设施应当按照国家规定的标准设置。

较大的车站、机场、港口、高等院校和宾馆应当设置提供邮政普遍服务的邮政营业场所。

邮政企业设置、撤销邮政营业场所,应当事先书面告知邮政管理部门;撤销提供邮政普遍服务的邮政营业场所,应当经邮政管理部门批准并予以公告。

第十条 机关、企业事业单位应当设置接收邮件的场所。农村地区应当逐步设置村邮站或者其他接收邮件的场所。

建设城镇居民楼应当设置接收邮件的信报箱,并按照国家规定的标准验收。建设单位未按照国家规定的标准设置信报箱的,由邮政管理部门责令限期改正;逾期未改正的,由邮政管理部门指定其他单位设置信报箱,所需费用由该居民楼的建设单位承担。

第十一条 邮件处理场所的设计和建设,应当符合国家安全机关和海关依法履行职责的要求。

第十二条 征收邮政营业场所或者邮件处理场

所的,城乡规划主管部门应当根据保障邮政普遍服务的要求,对邮政营业场所或者邮件处理场所的重新设置作出妥善安排;未作出妥善安排前,不得征收。

邮政营业场所或者邮件处理场所重新设置前,邮政企业应当采取措施,保证邮政普遍服务的正常进行。

第十三条 邮政企业应当对其设置的邮政设施进行经常性维护,保证邮政设施的正常使用。

任何单位和个人不得损毁邮政设施或者影响邮政设施的正常使用。

第三章 邮政服务

第十四条 邮政企业经营下列业务:

(一)邮件寄递;

(二)邮政汇兑、邮政储蓄;

(三)邮票发行以及集邮票品制作、销售;

（四）国内报刊、图书等出版物发行；

（五）国家规定的其他业务。

第十五条 邮政企业应当对信件、单件重量不超过五千克的印刷品、单件重量不超过十千克的包裹的寄递以及邮政汇兑提供邮政普遍服务。

邮政企业按照国家规定办理机要通信、国家规定报刊的发行，以及义务兵平常信函、盲人读物和革命烈士遗物的免费寄递等特殊服务业务。

未经邮政管理部门批准，邮政企业不得停止办理或者限制办理前两款规定的业务；因不可抗力或者其他特殊原因暂时停止办理或者限制办理的，邮政企业应当及时公告，采取相应的补救措施，并向邮政管理部门报告。

邮政普遍服务标准，由国务院邮政管理部门会同国务院有关部门制定；邮政普遍服务监督管理的具体办法，由国务院邮政管理部门制定。

第十六条 国家对邮政企业提供邮政普遍服务、特殊服务给予补贴，并加强对补贴资金使用的监督。

第十七条　国家设立邮政普遍服务基金。邮政普遍服务基金征收、使用和监督管理的具体办法由国务院财政部门会同国务院有关部门制定,报国务院批准后公布施行。

第十八条　邮政企业的邮政普遍服务业务与竞争性业务应当分业经营。

第十九条　邮政企业在城市每周的营业时间应当不少于六天,投递邮件每天至少一次;在乡、镇人民政府所在地每周的营业时间应当不少于五天,投递邮件每周至少五次。

邮政企业在交通不便的边远地区和乡、镇其他地区每周的营业时间以及投递邮件的频次,国务院邮政管理部门可以另行规定。

第二十条　邮政企业寄递邮件,应当符合国务院邮政管理部门规定的寄递时限和服务规范。

第二十一条　邮政企业应当在其营业场所公示或者以其他方式公布其服务种类、营业时间、资费标准、邮件和汇款的查询及损失赔偿办法以及用户对其服务质量的投诉办法。

第二十二条 邮政企业采用其提供的格式条款确定与用户的权利义务的，该格式条款适用《中华人民共和国合同法》关于合同格式条款的规定。

第二十三条 用户交寄邮件，应当清楚、准确地填写收件人姓名、地址和邮政编码。邮政企业应当在邮政营业场所免费为用户提供邮政编码查询服务。

邮政编码由邮政企业根据国务院邮政管理部门制定的编制规则编制。邮政管理部门依法对邮政编码的编制和使用实施监督。

第二十四条 邮政企业收寄邮件和用户交寄邮件，应当遵守法律、行政法规以及国务院和国务院有关部门关于禁止寄递或者限制寄递物品的规定。

第二十五条 邮政企业应当依法建立并执行邮件收寄验视制度。

对用户交寄的信件，必要时邮政企业可以要求用户开拆，进行验视，但不得检查信件内容。用户拒绝开拆的，邮政企业不予收寄。

对信件以外的邮件，邮政企业收寄时应当当场验视内件。用户拒绝验视的，邮政企业不予收寄。

第二十六条　邮政企业发现邮件内夹带禁止寄递或者限制寄递的物品的，应当按照国家有关规定处理。

进出境邮件中夹带国家禁止进出境或者限制进出境的物品的，由海关依法处理。

第二十七条　对提供邮政普遍服务的邮政企业交运的邮件，铁路、公路、水路、航空等运输企业应当优先安排运输，车站、港口、机场应当安排装卸场所和出入通道。

第二十八条　带有邮政专用标志的车船进出港口、通过渡口时，应当优先放行。

带有邮政专用标志的车辆运递邮件，确需通过公安机关交通管理部门划定的禁行路段或者确需在禁止停车的地点停车的，经公安机关交通管理部门同意，在确保安全的前提下，可以通行或者停车。

邮政企业不得利用带有邮政专用标志的车船从事邮件运递以外的经营性活动，不得以出租等方式允许其他单位或者个人使用带有邮政专用标志的车船。

第二十九条 邮件通过海上运输时，不参与分摊共同海损。

第三十条 海关依照《中华人民共和国海关法》的规定，对进出境的国际邮袋、邮件集装箱和国际邮递物品实施监管。

第三十一条 进出境邮件的检疫，由进出境检验检疫机构依法实施。

第三十二条 邮政企业采取按址投递、用户领取或者与用户协商的其他方式投递邮件。

机关、企业事业单位、住宅小区管理单位等应当为邮政企业投递邮件提供便利。单位用户地址变更的，应当及时通知邮政企业。

第三十三条 邮政企业对无法投递的邮件，应当退回寄件人。

无法投递又无法退回的信件，自邮政企业确认无法退回之日起超过六个月无人认领的，由邮政企业在邮政管理部门的监督下销毁。无法投递又无法退回的其他邮件，按照国务院邮政管理部门的规定处理；其中无法投递又无法退回的进境国际邮递物品，由海关依照《中华人民共和国海关法》的规定处理。

第三十四条　邮政汇款的收款人应当自收到汇款通知之日起六十日内，凭有效身份证件到邮政企业兑领汇款。

收款人逾期未兑领的汇款，由邮政企业退回汇款人。自兑领汇款期限届满之日起一年内无法退回汇款人，或者汇款人自收到退汇通知之日起一年内未领取的汇款，由邮政企业上缴国库。

第三十五条　任何单位和个人不得私自开拆、隐匿、毁弃他人邮件。

除法律另有规定外，邮政企业及其从业人员不得向任何单位或者个人泄露用户使用邮政服务的信息。

第三十六条 因国家安全或者追查刑事犯罪的需要，公安机关、国家安全机关或者检察机关可以依法检查、扣留有关邮件，并可以要求邮政企业提供相关用户使用邮政服务的信息。邮政企业和有关单位应当配合，并对有关情况予以保密。

第三十七条 任何单位和个人不得利用邮件寄递含有下列内容的物品：

（一）煽动颠覆国家政权、推翻社会主义制度或者分裂国家、破坏国家统一，危害国家安全的；

（二）泄露国家秘密的；

（三）散布谣言扰乱社会秩序，破坏社会稳定的；

（四）煽动民族仇恨、民族歧视，破坏民族团结的；

（五）宣扬邪教或者迷信的；

（六）散布淫秽、赌博、恐怖信息或者教唆犯罪的；

（七）法律、行政法规禁止的其他内容。

第三十八条　任何单位和个人不得有下列行为：

（一）扰乱邮政营业场所正常秩序；

（二）阻碍邮政企业从业人员投递邮件；

（三）非法拦截、强登、扒乘带有邮政专用标志的车辆；

（四）冒用邮政企业名义或者邮政专用标志；

（五）伪造邮政专用品或者倒卖伪造的邮政专用品。

第四章　邮 政 资 费

第三十九条　实行政府指导价或者政府定价的邮政业务范围，以中央政府定价目录为依据，具体资费标准由国务院价格主管部门会同国务院财政部门、国务院邮政管理部门制定。

邮政企业的其他业务资费实行市场调节价，资费标准由邮政企业自主确定。

第四十条　国务院有关部门制定邮政业务资费

标准，应当听取邮政企业、用户和其他有关方面的意见。

邮政企业应当根据国务院价格主管部门、国务院财政部门和国务院邮政管理部门的要求，提供准确、完备的业务成本数据和其他有关资料。

第四十一条 邮件资费的交付，以邮资凭证、证明邮资已付的戳记以及有关业务单据等表示。

邮资凭证包括邮票、邮资符志、邮资信封、邮资明信片、邮资邮简、邮资信卡等。

任何单位和个人不得伪造邮资凭证或者倒卖伪造的邮资凭证，不得擅自仿印邮票和邮资图案。

第四十二条 普通邮票发行数量由邮政企业按照市场需要确定，报国务院邮政管理部门备案；纪念邮票和特种邮票发行计划由邮政企业根据市场需要提出，报国务院邮政管理部门审定。国务院邮政管理部门负责纪念邮票的选题和图案审查。

邮政管理部门依法对邮票的印制、销售实施监督。

第四十三条 邮资凭证售出后，邮资凭证持有人不得要求邮政企业兑换现金。

停止使用邮资凭证,应当经国务院邮政管理部门批准,并在停止使用九十日前予以公告,停止销售。邮资凭证持有人可以自公告之日起一年内,向邮政企业换取等值的邮资凭证。

第四十四条 下列邮资凭证不得使用:

(一)经国务院邮政管理部门批准停止使用的;

(二)盖销或者划销的;

(三)污损、残缺或者褪色、变色,难以辨认的。

从邮资信封、邮资明信片、邮资邮简、邮资信卡上剪下的邮资图案,不得作为邮资凭证使用。

第五章 损失赔偿

第四十五条 邮政普遍服务业务范围内的邮件和汇款的损失赔偿,适用本章规定。

邮政普遍服务业务范围以外的邮件的损失赔偿,适用有关民事法律的规定。

邮件的损失，是指邮件丢失、损毁或者内件短少。

第四十六条 邮政企业对平常邮件的损失不承担赔偿责任。但是，邮政企业因故意或者重大过失造成平常邮件损失的除外。

第四十七条 邮政企业对给据邮件的损失依照下列规定赔偿：

（一）保价的给据邮件丢失或者全部损毁的，按照保价额赔偿；部分损毁或者内件短少的，按照保价额与邮件全部价值的比例对邮件的实际损失予以赔偿。

（二）未保价的给据邮件丢失、损毁或者内件短少的，按照实际损失赔偿，但最高赔偿额不超过所收取资费的三倍；挂号信件丢失、损毁的，按照所收取资费的三倍予以赔偿。

邮政企业应当在营业场所的告示中和提供给用户的给据邮件单据上，以足以引起用户注意的方式载明前款规定。

邮政企业因故意或者重大过失造成给据邮件损失，或者未履行前款规定义务的，无权援用本条第一款的规定限制赔偿责任。

第四十八条 因下列原因之一造成的给据邮件损失，邮政企业不承担赔偿责任：

（一）不可抗力，但因不可抗力造成的保价的给据邮件的损失除外；

（二）所寄物品本身的自然性质或者合理损耗；

（三）寄件人、收件人的过错。

第四十九条 用户交寄给据邮件后，对国内邮件可以自交寄之日起一年内持收据向邮政企业查询，对国际邮件可以自交寄之日起一百八十日内持收据向邮政企业查询。

查询国际邮件或者查询国务院邮政管理部门规定的边远地区的邮件的，邮政企业应当自用户查询之日起六十日内将查询结果告知用户；查询其他邮件的，邮政企业应当自用户查询之日起三十日内将查询结果告知用户。查复期满未查到邮件的，邮政企业应当依照本法第四十七条的规定予以赔偿。

用户在本条第一款规定的查询期限内未向邮政企业查询又未提出赔偿要求的，邮政企业不再承担赔偿责任。

第五十条 邮政汇款的汇款人自汇款之日起一年内，可以持收据向邮政企业查询。邮政企业应当自用户查询之日起二十日内将查询结果告知汇款人。查复期满未查到汇款的，邮政企业应当向汇款人退还汇款和汇款费用。

第六章 快递业务

第五十一条 经营快递业务，应当依照本法规定取得快递业务经营许可；未经许可，任何单位和个人不得经营快递业务。

外商不得投资经营信件的国内快递业务。

国内快递业务，是指从收寄到投递的全过程均发生在中华人民共和国境内的快递业务。

第五十二条　申请快递业务经营许可，应当具备下列条件：

（一）符合企业法人条件；

（二）在省、自治区、直辖市范围内经营的，注册资本不低于人民币五十万元，跨省、自治区、直辖市经营的，注册资本不低于人民币一百万元，经营国际快递业务的，注册资本不低于人民币二百万元；

（三）有与申请经营的地域范围相适应的服务能力；

（四）有严格的服务质量管理制度和完备的业务操作规范；

（五）有健全的安全保障制度和措施；

（六）法律、行政法规规定的其他条件。

第五十三条　申请快递业务经营许可，在省、自治区、直辖市范围内经营的，应当向所在地的省、自治区、直辖市邮政管理机构提出申请，跨省、自治区、直辖市经营或者经营国际快递业务的，应当向国务院邮政管理部门提出申请；申请时应当提交申请书和有关申请材料。

受理申请的邮政管理部门应当自受理申请之日起四十五日内进行审查，作出批准或者不予批准的决定。予以批准的，颁发快递业务经营许可证；不予批准的，书面通知申请人并说明理由。

邮政管理部门审查快递业务经营许可的申请，应当考虑国家安全等因素，并征求有关部门的意见。

申请人凭快递业务经营许可证向工商行政管理部门依法办理登记后，方可经营快递业务。

第五十四条　邮政企业以外的经营快递业务的企业（以下称快递企业）设立分支机构或者合并、分立的，应当向邮政管理部门备案。

第五十五条　快递企业不得经营由邮政企业专营的信件寄递业务，不得寄递国家机关公文。

第五十六条　快递企业经营邮政企业专营业务范围以外的信件快递业务，应当在信件封套的显著位置标注信件字样。

快递企业不得将信件打包后作为包裹寄递。

第五十七条 经营国际快递业务应当接受邮政管理部门和有关部门依法实施的监管。邮政管理部门和有关部门可以要求经营国际快递业务的企业提供报关数据。

第五十八条 快递企业停止经营快递业务的，应当书面告知邮政管理部门，交回快递业务经营许可证，并对尚未投递的快件按照国务院邮政管理部门的规定妥善处理。

第五十九条 本法第六条、第二十一条、第二十二条、第二十四条、第二十五条、第二十六条第一款、第三十五条第二款、第三十六条关于邮政企业及其从业人员的规定，适用于快递企业及其从业人员；第十一条关于邮件处理场所的规定，适用于快件处理场所；第三条第二款、第二十六条第二款、第三十五条第一款、第三十六条、第三十七条关于邮件的规定，适用于快件；第四十五条第二款关于邮件的损失赔偿的规定，适用于快件的损失赔偿。

第六十条 经营快递业务的企业依法成立的行业协会，依照法律、行政法规及其章程规定，制定快递行业规范，加强行业自律，为企业提供信息、培训等方面的服务，促进快递行业的健康发展。

经营快递业务的企业应当对其从业人员加强法制教育、职业道德教育和业务技能培训。

第七章 监督检查

第六十一条 邮政管理部门依法履行监督管理职责，可以采取下列监督检查措施：

（一）进入邮政企业、快递企业或者涉嫌发生违反本法活动的其他场所实施现场检查；

（二）向有关单位和个人了解情况；

（三）查阅、复制有关文件、资料、凭证；

（四）经邮政管理部门负责人批准，查封与违反本法活动有关的场所，扣押用于违反本法活动的运输工具以及相关物品，对信件以外的涉嫌夹带禁止寄递或者限制寄递物品的邮件、快件开拆检查。

第六十二条 邮政管理部门根据履行监督管理职责的需要，可以要求邮政企业和快递企业报告有关经营情况。

第六十三条 邮政管理部门进行监督检查时，监督检查人员不得少于二人，并应当出示执法证件。对邮政管理部门依法进行的监督检查，有关单位和个人应当配合，不得拒绝、阻碍。

第六十四条 邮政管理部门工作人员对监督检查中知悉的商业秘密，负有保密义务。

第六十五条 邮政企业和快递企业应当及时、妥善处理用户对服务质量提出的异议。用户对处理结果不满意的，可以向邮政管理部门申诉，邮政管理部门应当及时依法处理，并自接到申诉之日起三十日内作出答复。

第六十六条 任何单位和个人对违反本法规定的行为，有权向邮政管理部门举报。邮政管理部门接到举报后，应当及时依法处理。

第八章 法律责任

第六十七条 邮政企业提供邮政普遍服务不符合邮政普遍服务标准的,由邮政管理部门责令改正,可以处一万元以下的罚款;情节严重的,处一万元以上五万元以下的罚款;对直接负责的主管人员和其他直接责任人员给予处分。

第六十八条 邮政企业未经邮政管理部门批准,停止办理或者限制办理邮政普遍服务业务和特殊服务业务,或者撤销提供邮政普遍服务的邮政营业场所的,由邮政管理部门责令改正,可以处二万元以下的罚款;情节严重的,处二万元以上十万元以下的罚款;对直接负责的主管人员和其他直接责任人员给予处分。

第六十九条 邮政企业利用带有邮政专用标志的车船从事邮件运递以外的经营性活动,或者以出租等方式允许其他单位或者个人使用带有邮政专用标志的车船的，由邮政管理部门责令改正，没收违法所得，可以并处二万元以下的罚款；情节严重的，并处二万元以上十万元以下的罚款；对直接负责的主管人员和其他直接责任人员给予处分。

邮政企业从业人员利用带有邮政专用标志的车船从事邮件运递以外的活动的，由邮政企业责令改正，给予处分。

第七十条 邮政企业从业人员故意延误投递邮件的，由邮政企业给予处分。

第七十一条 冒领、私自开拆、隐匿、毁弃或者非法检查他人邮件、快件，尚不构成犯罪的，依法给予治安管理处罚。

第七十二条 未取得快递业务经营许可经营快递业务，或者邮政企业以外的单位或者个人经营由邮政企业专营的信件寄递业务或者寄递国家机关公文的，由邮政管理部门或者工商行政管理部门责令改正，没收违法所得，并处五万元以上十万元以下的罚款；情节严重的，并处十万元以上二十万元以下的罚款;对快递企业,还可以责令停业整顿直至吊销其快递业务经营许可证。

违反本法第五十一条第二款的规定,经营信件的国内快递业务的,依照前款规定处罚。

第七十三条 快递企业有下列行为之一的,由邮政管理部门责令改正,可以处一万元以下的罚款;情节严重的,处一万元以上五万元以下的罚款,并可以责令停业整顿:

(一)设立分支机构、合并、分立,未向邮政管理部门备案的;

(二)未在信件封套的显著位置标注信件字样的;

(三)将信件打包后作为包裹寄递的;

(四)停止经营快递业务,未书面告知邮政管理部门并交回快递业务经营许可证,或者未按照国务院邮政管理部门的规定妥善处理尚未投递的快件的。

第七十四条 邮政企业、快递企业未按照规定向用户明示其业务资费标准,或者有其他价格违法行为的，由政府价格主管部门依照《中华人民共和国价格法》的规定处罚。

第七十五条 邮政企业、快递企业不建立或者不执行收件验视制度，或者违反法律、行政法规以及国务院和国务院有关部门关于禁止寄递或者限制寄递物品的规定收寄邮件、快件的，对邮政企业直接负责的主管人员和其他直接责任人员给予处分；对快递企业，邮政管理部门可以责令停业整顿直至吊销其快递业务经营许可证。

用户在邮件、快件中夹带禁止寄递或者限制寄递的物品，尚不构成犯罪的，依法给予治安管理处罚。

有前两款规定的违法行为，造成人身伤害或者财产损失的，依法承担赔偿责任。

邮政企业、快递企业经营国际寄递业务，以及用户交寄国际邮递物品，违反《中华人民共和国海关法》及其他有关法律、行政法规的规定的，依照有关法律、行政法规的规定处罚。

第七十六条　邮政企业、快递企业违法提供用户使用邮政服务或者快递服务的信息，尚不构成犯罪的，由邮政管理部门责令改正，没收违法所得，并处一万元以上五万元以下的罚款；对邮政企业直接负责的主管人员和其他直接责任人员给予处分；对快递企业，邮政管理部门还可以责令停业整顿直至吊销其快递业务经营许可证。

邮政企业、快递企业从业人员有前款规定的违法行为，尚不构成犯罪的，由邮政管理部门责令改正，没收违法所得，并处五千元以上一万元以下的罚款。

第七十七条　邮政企业、快递企业拒绝、阻碍依法实施的监督检查，尚不构成犯罪的，依法给予治安管理处罚；对快递企业，邮政管理部门还可以责令停业整顿直至吊销其快递业务经营许可证。

第七十八条　邮政企业及其从业人员、快递企业及其从业人员在经营活动中有危害国家安全行为的，依法追究法律责任；对快递企业，并由邮政管理部门吊销其快递业务经营许可证。

第七十九条 冒用邮政企业名义或者邮政专用标志，或者伪造邮政专用品或者倒卖伪造的邮政专用品的，由邮政管理部门责令改正，没收伪造的邮政专用品以及违法所得，并处一万元以上五万元以下的罚款。

第八十条 有下列行为之一，尚不构成犯罪的，依法给予治安管理处罚：

（一）盗窃、损毁邮政设施或者影响邮政设施正常使用的；

（二）伪造邮资凭证或者倒卖伪造的邮资凭证的；

（三）扰乱邮政营业场所、快递企业营业场所正常秩序的；

（四）非法拦截、强登、扒乘运送邮件、快件的车辆的。

第八十一条 违反本法规定被吊销快递业务经营许可证的，自快递业务经营许可证被吊销之日起三年内,不得申请经营快递业务。

快递企业被吊销快递业务经营许可证的,应当依法向工商行政管理部门办理变更登记或者注销登记。

第八十二条 违反本法规定,构成犯罪的,依法追究刑事责任。

第八十三条 邮政管理部门工作人员在监督管理工作中滥用职权、玩忽职守、徇私舞弊,构成犯罪的,依法追究刑事责任;尚不构成犯罪的,依法给予处分。

第九章 附 则

第八十四条 本法下列用语的含义:

邮政企业,是指中国邮政集团公司及其提供邮政服务的全资企业、控股企业。

寄递,是指将信件、包裹、印刷品等物品按照封装上的名址递送给特定个人或者单位的活动,包括收寄、分拣、运输、投递等环节。

快递,是指在承诺的时限内快速完成的寄递活动。

邮件,是指邮政企业寄递的信件、包裹、汇款通知、报刊和其他印刷品等。

快件,是指快递企业递送的信件、包裹、印刷品等。

信件,是指信函、明信片。信函是指以套封形式按照名址递送给特定个人或者单位的缄封的信息载体,不包括书籍、报纸、期刊等。

包裹,是指按照封装上的名址递送给特定个人或者单位的独立封装的物品,其重量不超过五十千克,任何一边的尺寸不超过一百五十厘米,长、宽、高合计不超过三百厘米。

平常邮件,是指邮政企业在收寄时不出具收据,投递时不要求收件人签收的邮件。

给据邮件,是指邮政企业在收寄时向寄件人出具收据,投递时由收件人签收的邮件。

邮政设施，是指用于提供邮政服务的邮政营业场所、邮件处理场所、邮筒（箱）、邮政报刊亭、信报箱等。

邮件处理场所，是指邮政企业专门用于邮件分拣、封发、储存、交换、转运、投递等活动的场所。

国际邮递物品，是指中华人民共和国境内的用户与其他国家或者地区的用户相互寄递的包裹和印刷品等。

邮政专用品，是指邮政日戳、邮资机、邮政业务单据、邮政夹钳、邮袋和其他邮件专用容器。

第八十五条 本法公布前按照国家有关规定，经国务院对外贸易主管部门批准或者备案，并向工商行政管理部门依法办理登记后经营国际快递业务的国际货物运输代理企业，凭批准或者备案文件以及营业执照，到国务院邮政管理部门领取快递业务经营许可证。国务院邮政管理部门应当将企业领取快递业务经营许可证的情况向其原办理登记的工商行政管理部门通报。

除前款规定的企业外，本法公布前依法向工商行政管理部门办理登记后经营快递业务的企业，不具备本法规定的经营快递业务的条件的，应当在国务院邮政管理部门规定的期限内达到本法规定的条件，逾期达不到本法规定的条件的，不得继续经营快递业务。

第八十六条 省、自治区、直辖市应当根据本地区的实际情况，制定支持邮政企业提供邮政普遍服务的具体办法。

第八十七条 本法自2009年10月1日起施行。

快递暂行条例

（2018年3月2日中华人民共和国国务院令第697号公布 根据2019年3月2日《国务院关于修改部分行政法规的决定》第一次修订 根据2025年4月13日《国务院关于修改〈快递暂行条例〉的决定》第二次修订）

第一章 总 则

第一条 为促进快递业健康发展，保障快递安全，保护快递用户合法权益，加强对快递业的监督管理，根据《中华人民共和国邮政法》和其他有关法律，制定本条例。

第二条 在中华人民共和国境内从事快递业务

经营、接受快递服务以及对快递业实施监督管理,适用本条例。

第三条 快递业发展应当遵循市场主导、保障安全、创新驱动、协同发展的原则,构建普惠城乡、技术先进、服务优质、安全高效、绿色节能的快递服务体系。

第四条 地方各级人民政府应当创造良好的快递业营商环境,支持经营快递业务的企业创新商业模式和服务方式,引导经营快递业务的企业加强服务质量管理、健全规章制度、完善安全保障措施,为用户提供迅速、准确、安全、方便的快递服务。

地方各级人民政府应当确保政府相关行为符合公平竞争要求和相关法律法规,维护快递业竞争秩序,不得出台违反公平竞争、可能造成地区封锁和行业垄断的政策措施。

第五条 任何单位或者个人不得利用信件、包裹、印刷品以及其他寄递物品(以下统称快件)从事危害国家安全、社会公共利益或者他人合法权益的活动。

除有关部门依照法律对快件进行检查外，任何单位或者个人不得非法检查他人快件。任何单位或者个人不得私自开拆、隐匿、毁弃、倒卖他人快件。

第六条 国务院邮政管理部门负责对全国快递业实施监督管理。国务院公安、国家安全、海关、市场监督管理等有关部门在各自职责范围内负责相关的快递监督管理工作。

省、自治区、直辖市邮政管理机构和按照国务院规定设立的省级以下邮政管理机构负责对本辖区的快递业实施监督管理。县级以上地方人民政府有关部门在各自职责范围内负责相关的快递监督管理工作。

第七条 国务院邮政管理部门和省、自治区、直辖市邮政管理机构以及省级以下邮政管理机构（以下统称邮政管理部门）应当与公安、国家安全、海关、市场监督管理等有关部门相互配合，建立健全快递安全监管机制，加强对快递业安全运行的监测预警，收集、共享与快递业安全运行有关的信息，依法处理影响快递业安全运行的事件。

第八条 依法成立的快递行业组织应当保护企业合法权益，加强行业自律，促进企业守法、诚信、安全经营，督促企业落实安全生产主体责任，引导企业不断提高快递服务质量和水平。

第九条 国家加强快递业诚信体系建设，建立健全快递业信用记录、信息公开、信用评价制度，依法实施联合惩戒措施，提高快递业信用水平。

第十条 国家完善综合性支持政策，推进快递包装绿色化、减量化、可循环。

国家鼓励经营快递业务的企业和寄件人使用可降解、可重复利用的环保包装材料。

第二章 发展保障

第十一条 国务院邮政管理部门应当制定快递业发展规划，促进快递业健康发展。

县级以上地方人民政府应当将快递业发展纳入本级国民经济和社会发展规划，在国土空间规划中统筹考虑快件大型集散、分拣等基础设施用地的需要。

县级以上地方人民政府建立健全促进快递业健康发展的政策措施，完善相关配套规定，依法保障经营快递业务的企业及其从业人员的合法权益。

第十二条　国家支持和鼓励经营快递业务的企业在农村、偏远地区发展快递服务网络，完善快递末端网点布局。

第十三条　国家鼓励和引导经营快递业务的企业采用先进技术，促进自动化分拣设备、机械化装卸设备、智能末端服务设施、快递电子运单以及快件信息化管理系统等的推广应用。

第十四条　县级以上地方人民政府公安、交通运输等部门和邮政管理部门应当加强协调配合，建立健全快递运输保障机制，依法保障快递服务车辆通行和临时停靠的权利，不得禁止快递服务车辆依法通行。

邮政管理部门会同县级以上地方人民政府公安等部门，依法规范快递服务车辆的管理和使用，对快递专用电动三轮车的行驶时速、装载质量等作出规定，并对快递服务车辆加强统一编号和标识管理。经营快递业务的企业应当对其从业人员加强道路交通安全培训。

快递从业人员应当遵守道路交通安全法律法规的规定，按照操作规范安全、文明驾驶车辆。快递从业人员因执行工作任务造成他人损害的，由快递从业人员所属的经营快递业务的企业依照民事侵权责任相关法律的规定承担侵权责任。

第十五条　企业事业单位、住宅小区管理单位应当根据实际情况，采取与经营快递业务的企业签订合同、设置快件收寄投递专门场所等方式，为开展快递服务提供必要的便利。鼓励多个经营快递业务的企业共享末端服务设施，为用户提供便捷的快递末端服务。

第十六条 国家鼓励快递业与制造业、农业、商贸业等行业建立协同发展机制，推动快递业与电子商务融合发展，加强信息沟通，共享设施和网络资源。

国家引导和推动快递业与铁路、公路、水路、民航等行业的标准对接，支持在大型车站、码头、机场等交通枢纽配套建设快件运输通道和接驳场所。

第十七条 国家鼓励经营快递业务的企业依法开展进出境快递业务，支持在重点口岸建设进出境快件处理中心、在境外依法开办快递服务机构并设置快件处理场所。

海关、邮政管理等部门应当建立协作机制，完善进出境快件管理，推动实现快件便捷通关。

第三章 经 营 主 体

第十八条 经营快递业务，应当依法取得快递业务经营许可。邮政管理部门应当根据《中华人民共和国邮政法》第五十二条、第五十三条规定的条件和程序核定经营许可的业务范围和地域范围,向社会公布取得快递业务经营许可的企业名单,并及时更新。

第十九条 经营快递业务的企业及其分支机构可以根据业务需要开办快递末端网点,并应当自开办之日起20日内向所在地邮政管理部门备案。快递末端网点无需办理营业执照。

第二十条 两个以上经营快递业务的企业可以使用统一的商标、字号或者快递运单经营快递业务。

前款规定的经营快递业务的企业应当签订书面协议明确各自的权利义务,遵守共同的服务约定,在服务质量、安全保障、业务流程等方面实行统一管理,为用户提供统一的快件跟踪查询和投诉处理服务。

用户的合法权益因快件延误、丢失、损毁或者内件短少而受到损害的,用户可以要求该商标、字号或者快递运单所属企业赔偿,也可以要求实际提供快递服务的企业赔偿。

第二十一条 经营快递业务的企业应当依法保护其从业人员的合法权益。

经营快递业务的企业应当对其从业人员加强职业操守、服务规范、作业规范、安全生产、车辆安全驾驶等方面的教育和培训。

第四章 快递服务

第二十二条 经营快递业务的企业在寄件人填写快递运单前,应当提醒其阅读快递服务合同条款、遵守禁止寄递和限制寄递物品的有关规定,告知相关保价规则和保险服务项目。

寄件人交寄贵重物品的,应当事先声明;经营快递业务的企业可以要求寄件人对贵重物品予以保价。

第二十三条 寄件人交寄快件,应当如实提供以下事项:

(一)寄件人姓名、地址、联系电话;

（二）收件人姓名（名称）、地址、联系电话；

（三）寄递物品的名称、性质、数量。

除信件和已签订安全协议用户交寄的快件外，经营快递业务的企业收寄快件，应当对寄件人身份进行查验，并登记身份信息，但不得在快递运单上记录除姓名（名称）、地址、联系电话以外的用户身份信息。寄件人拒绝提供身份信息或者提供身份信息不实的，经营快递业务的企业不得收寄。

第二十四条　国家鼓励经营快递业务的企业在节假日期间根据业务量变化实际情况，为用户提供正常的快递服务。

第二十五条　经营快递业务的企业应当规范操作，防止造成快件损毁。

法律法规对食品、药品等特定物品的运输有特殊规定的，寄件人、经营快递业务的企业应当遵守相关规定。

第二十六条　经营快递业务的企业应当将快件投递到约定的收件地址、收件人或者收件人指定的代收人,并告知收件人或者代收人当面验收。收件人或者代收人有权当面验收。

第二十七条 快件无法投递的,经营快递业务的企业应当退回寄件人或者根据寄件人的要求进行处理;属于进出境快件的,经营快递业务的企业应当依法办理海关和检验检疫手续。

快件无法投递又无法退回的,依照下列规定处理:

(一)属于信件,自确认无法退回之日起超过6个月无人认领的,由经营快递业务的企业在所在地邮政管理部门的监督下销毁;

(二)属于信件以外其他快件的,经营快递业务的企业应当登记,并按照国务院邮政管理部门的规定处理;

(三)属于进境快件的,交由海关依法处理。

第二十八条 快件延误、丢失、损毁或者内件短少的,对保价的快件,应当按照经营快递业务的企业与寄件人约定的保价规则确定赔偿责任;对未保价的快件，依照民事法律的有关规定确定赔偿责任。

国家鼓励保险公司开发快件损失赔偿责任险种，鼓励经营快递业务的企业投保。

第二十九条 经营快递业务的企业应当实行快件寄递全程信息化管理，公布联系方式，保证与用户的联络畅通，向用户提供业务咨询、快件查询等服务。用户对快递服务质量不满意的，可以向经营快递业务的企业投诉，经营快递业务的企业应当自接到投诉之日起7日内予以处理并告知用户。

第三十条 经营快递业务的企业停止经营的，应当提前10日向社会公告，书面告知邮政管理部门，交回快递业务经营许可证，并依法妥善处理尚未投递的快件。

经营快递业务的企业或者其分支机构因不可抗力或者其他特殊原因暂停快递服务的，应当及时向邮政管理部门报告，向社会公告暂停服务的原因和期限，并依法妥善处理尚未投递的快件。

第五章 快递安全

第三十一条 寄件人交寄快件和经营快递业务的企业收寄快件应当遵守《中华人民共和国邮政法》第二十四条关于禁止寄递或者限制寄递物品的规定。

禁止寄递物品的目录及管理办法,由国务院邮政管理部门会同国务院有关部门制定并公布。

第三十二条 经营快递业务的企业收寄快件,应当依照《中华人民共和国邮政法》的规定验视内件,并作出验视标识。寄件人拒绝验视的,经营快递业务的企业不得收寄。

经营快递业务的企业受寄件人委托,长期、批量提供快递服务的,应当与寄件人签订安全协议,明确双方的安全保障义务。

第三十三条 经营快递业务的企业可以自行或者委托第三方企业对快件进行安全检查,并对经过安全检查的快件作出安全检查标识。经营快递业务的企业委托第三方企业对快件进行安全检查的，不免除委托方对快件安全承担的责任。

经营快递业务的企业或者接受委托的第三方企业应当使用符合强制性国家标准的安全检查设备，并加强对安全检查人员的背景审查和技术培训；经营快递业务的企业或者接受委托的第三方企业对安全检查人员进行背景审查，公安机关等相关部门应当予以配合。

第三十四条 经营快递业务的企业发现寄件人交寄禁止寄递物品的，应当拒绝收寄；发现已经收寄的快件中有疑似禁止寄递物品的，应当立即停止分拣、运输、投递。对快件中依法应当没收、销毁或者可能涉及违法犯罪的物品，经营快递业务的企业应当立即向有关部门报告并配合调查处理；对其他禁止寄递物品以及限制寄递物品，经营快递业务的企业应当按照法律、行政法规或者国务院和国务院有关主管部门的规定处理。

第三十五条 经营快递业务的企业应当建立快

递运单及电子数据管理制度，妥善保管用户信息等电子数据，定期销毁快递运单，采取有效技术手段保证用户信息安全。具体办法由国务院邮政管理部门会同国务院有关部门制定。

经营快递业务的企业及其从业人员不得出售、泄露或者非法提供快递服务过程中知悉的用户信息。发生或者可能发生用户信息泄露的，经营快递业务的企业应当立即采取补救措施，并向所在地邮政管理部门报告。

第三十六条 经营快递业务的企业应当依法建立健全安全生产责任制，确保快递服务安全。

经营快递业务的企业应当依法制定突发事件应急预案，定期开展突发事件应急演练；发生突发事件的，应当按照应急预案及时、妥善处理，并立即向所在地邮政管理部门报告。

第六章 快递包装

第三十七条 快递包装应当符合寄递生产作业

的要求，节约使用资源，避免过度包装，防止污染环境。

国务院标准化行政主管部门和国务院邮政管理等部门按照职责分工组织制定快递包装的国家标准、行业标准。快递包装应当符合强制性国家标准。

第三十八条　国家鼓励科技创新，支持采用新技术、新材料、新工艺研发、生产符合绿色环保要求的快递包装。

第三十九条　经营快递业务的企业应当在保障快递安全的前提下，优化快递包装方式和包装结构设计，节约使用包装物。

鼓励经营快递业务的企业使用通过绿色产品认证的包装物。

第四十条　国家推动经营快递业务的企业与商品生产企业、电子商务企业协同发展，推广商品原装直发，减少寄递环节的二次包装。

第四十一条　经营快递业务的企业应当制定并实施快递包装操作规范，加强对其从业人员快递包装操作技能的培训。

第四十二条 经营快递业务的企业应当制定并实施包装物回收利用管理制度，优化业务流程，提高包装物的回收利用率。

鼓励在快递经营场所和企业事业单位、住宅小区等其他适当场所设置包装物回收设施设备。

第四十三条 经营快递业务的企业应当按照国家有关规定向邮政管理部门报告包装物中一次性塑料制品的使用、回收情况。

第四十四条 国务院有关部门、县级以上地方人民政府及其有关部门应当组织开展多种形式的宣传教育活动，新闻媒体应当开展公益宣传，提高公众的环保包装意识。

鼓励经营快递业务的企业通过积分奖励、寄件优惠等方式引导用户重复使用包装物。

第四十五条 依法成立的快递行业组织应当将经营快递业务的企业使用、回收包装物等情况纳入行业自律范围，并及时向社会公布有关情况。

第七章　监督检查

第四十六条　邮政管理部门应当加强对快递业的监督检查。监督检查应当以下列事项为重点：

（一）从事快递活动的企业是否依法取得快递业务经营许可；

（二）经营快递业务的企业的安全管理制度是否健全并有效实施；

（三）经营快递业务的企业是否妥善处理用户的投诉、保护用户合法权益；

（四）经营快递业务的企业是否落实快递包装有关管理制度和强制性国家标准。

第四十七条　邮政管理部门应当建立和完善以随机抽查为重点的日常监督检查制度，公布抽查事项目录，明确抽查的依据、频次、方式、内容和程序，随机抽取被检查企业，随机选派检查人员。抽查情况和查处结果应当及时向社会公布。

邮政管理部门应当充分利用计算机网络等先进技术手段,加强对快递业务活动的日常监督检查,提高快递业管理水平。

第四十八条 邮政管理部门依法履行职责,有权采取《中华人民共和国邮政法》第六十一条规定的监督检查措施。邮政管理部门实施现场检查,有权查阅经营快递业务的企业管理快递业务的电子数据。

国家安全机关、公安机关为维护国家安全和侦查犯罪活动的需要依法开展执法活动,经营快递业务的企业应当提供技术支持和协助。

《中华人民共和国邮政法》第十一条规定的处理场所,包括快件处理场地、设施、设备。

第四十九条 邮政管理部门应当向社会公布本部门的联系方式,方便公众举报违法行为。

邮政管理部门接到举报的,应当及时依法调查处理,并为举报人保密。对实名举报的,邮政管理部门应当将处理结果告知举报人。

第八章 法律责任

第五十条 未取得快递业务经营许可从事快递活动的，由邮政管理部门依照《中华人民共和国邮政法》的规定予以处罚。

经营快递业务的企业或者其分支机构有下列行为之一的，由邮政管理部门责令改正，可以处1万元以下的罚款；情节严重的，处1万元以上5万元以下的罚款，并可以责令停业整顿：

（一）开办快递末端网点未向所在地邮政管理部门备案；

（二）停止经营快递业务，未提前10日向社会公告，未书面告知邮政管理部门并交回快递业务经营许可证，或者未依法妥善处理尚未投递的快件；

（三）因不可抗力或者其他特殊原因暂停快递服务，未及时向邮政管理部门报告并向社会公告暂停服务的原因和期限，或者未依法妥善处理尚未投递的快件。

第五十一条　两个以上经营快递业务的企业使用统一的商标、字号或者快递运单经营快递业务，未遵守共同的服务约定，在服务质量、安全保障、业务流程等方面未实行统一管理，或者未向用户提供统一的快件跟踪查询和投诉处理服务的，由邮政管理部门责令改正，处1万元以上5万元以下的罚款；情节严重的，处5万元以上10万元以下的罚款，并可以责令停业整顿。

第五十二条　冒领、私自开拆、隐匿、毁弃、倒卖或者非法检查他人快件，尚不构成犯罪的，依法给予治安管理处罚。

经营快递业务的企业有前款规定行为，或者非法扣留快件的，由邮政管理部门责令改正，没收违法所得，并处5万元以上10万元以下的罚款；情节严重的，并处10万元以上20万元以下的罚款，并可以责令停业整顿直至吊销其快递业务经营许可证。

第五十三条　经营快递业务的企业有下列情形

之一的，由邮政管理部门依照《中华人民共和国邮政法》、《中华人民共和国反恐怖主义法》的规定予以处罚：

（一）不建立或者不执行收寄验视制度；

（二）违反法律、行政法规以及国务院和国务院有关部门关于禁止寄递或者限制寄递物品的规定；

（三）收寄快件未查验寄件人身份并登记身份信息，或者发现寄件人提供身份信息不实仍予收寄；

（四）未按照规定对快件进行安全检查。

寄件人在快件中夹带禁止寄递的物品，尚不构成犯罪的，依法给予治安管理处罚。

第五十四条 经营快递业务的企业有下列行为之一的，由邮政管理部门责令改正，没收违法所得，并处1万元以上5万元以下的罚款；情节严重的，并处5万元以上10万元以下的罚款，并可以责令停业整顿直至吊销其快递业务经营许可证：

（一）未按照规定建立快递运单及电子数据管理制度；

（二）未定期销毁快递运单；

（三）出售、泄露或者非法提供快递服务过程中知悉的用户信息；

（四）发生或者可能发生用户信息泄露的情况，未立即采取补救措施，或者未向所在地邮政管理部门报告。

第五十五条 经营快递业务的企业及其从业人员在经营活动中有危害国家安全行为的，依法追究法律责任；对经营快递业务的企业，由邮政管理部门吊销其快递业务经营许可证。

第五十六条 经营快递业务的企业采用的快递包装不符合强制性国家标准，或者未按照国家有关规定向邮政管理部门报告包装物中一次性塑料制品的使用情况的，由邮政管理部门依照《中华人民共和国标准化法》、《中华人民共和国固体废物污染环境防治法》等法律、行政法规的规定予以处罚。

经营快递业务的企业未按照规定制定、实施快递包装操作规范或者包装物回收利用管理制度的，由邮政管理部门责令改正；拒不改正的，处 5000 元以上 2 万元以下的罚款。

第五十七条 邮政管理部门和其他有关部门的工作人员在监督管理工作中滥用职权、玩忽职守、徇私舞弊的，依法给予处分。

第五十八条 违反本条例规定，构成犯罪的，依法追究刑事责任；造成人身、财产或者其他损害的，依法承担赔偿责任。

第九章 附 则

第五十九条 本条例自 2018 年 5 月 1 日起施行。

快递市场管理办法

(2023年12月17日交通运输部令2023年第22号公布 自2024年3月1日起施行)

第一章 总 则

第一条 为了加强快递市场监督管理，保障快递服务质量和安全，维护用户、快递从业人员和经营快递业务的企业的合法权益，促进快递业健康发展，根据《中华人民共和国邮政法》《快递暂行条例》等法律、行政法规，制定本办法。

第二条 在中华人民共和国境内从事快递业务经营、使用快递服务以及对快递市场实施监督管理，适用本办法。

第三条　经营快递业务的企业应当遵守法律法规和公序良俗，依法节约资源、保护生态环境，为用户提供迅速、准确、安全、方便的快递服务。

第四条　两个以上经营快递业务的企业使用统一的商标、字号、快递运单及其配套的信息系统的，应当签订书面协议，明确各自的权利义务，遵守共同的服务约定，在服务质量、安全保障、业务流程、生态环保、从业人员权益保障等方面实行统一管理。

商标、字号、快递运单及其配套的信息系统的归属企业，简称为总部快递企业。

第五条　用户使用快递服务应当遵守法律、行政法规以及国务院和国务院有关部门关于禁止寄递或者限制寄递物品的规定，真实、准确地向经营快递业务的企业提供使用快递服务所必需的信息。

第六条　国务院邮政管理部门负责对全国快递市场实施监督管理。

省、自治区、直辖市邮政管理机构负责对本行政区域的快递市场实施监督管理。

按照国务院规定设立的省级以下邮政管理机构负责对本辖区的快递市场实施监督管理。

国务院邮政管理部门和省、自治区、直辖市邮政管理机构及省级以下邮政管理机构，统称为邮政管理部门。

第七条 邮政管理部门对快递市场实施监督管理应当公开、公正，鼓励公平竞争，支持高质量发展，加强线上线下一体化监督管理。

第八条 依法成立的快递行业组织应当维护经营快递业务的企业、快递末端网点和快递从业人员的合法权益，依照法律、法规以及组织章程规定，制定快递行业规范公约，加强行业自律，倡导企业守法、诚信、安全、绿色经营。

第九条 经营快递业务的企业应当坚持绿色低碳发展，落实生态环境保护责任。

经营快递业务的企业应当按照国家规定，推进快递包装标准化、循环化、减量化、无害化，避免过度包装。

第二章 发展保障

第十条 国务院邮政管理部门制定快递业发展规划，促进快递业高质量发展。

省、自治区、直辖市邮政管理机构可以结合地方实际制定本行政区域的快递业发展规划。

第十一条 邮政管理部门会同有关部门支持、引导经营快递业务的企业在城乡设置快件收投服务场所和智能收投设施。

邮政管理部门支持在公共服务设施布局中统筹建设具有公共服务属性的收投服务场所和智能收投设施。

邮政管理部门对快递服务类型和快递服务设施实施分类代码管理。

第十二条 国务院邮政管理部门会同国家有关部门支持建设进出境快件处理中心，在交通枢纽配套建设快件运输通道和接驳场所，优化快递服务网络布局。

第十三条 邮政管理部门支持创新快递商业模式和服务方式，引导快递市场新业态数字化、智能化、规范化发展，加强服务质量监督管理。

第三章 绿色低碳发展

第十四条 邮政管理部门应当引导用户使用绿色包装和减量包装，鼓励经营快递业务的企业开展绿色设计、选择绿色材料、实施绿色运输、使用绿色能源。

第十五条 经营快递业务的企业应当加强包装操作规范，运用信息技术，优化包装结构，优先使用产品原包装，在设计、生产、销售、使用等环节全链条推进快递包装绿色化。

第十六条 经营快递业务的企业应当优先采购有利于保护环境的产品，使用符合国家强制性标准的包装产品，不得使用国家禁止使用的塑料制品。

第十七条　经营快递业务的企业应当积极回收利用包装物，不断提高快递包装复用比例，推广应用可循环、易回收、可降解的快递包装。

第四章　市场秩序

第十八条　经营快递业务的企业应当在快递业务经营许可范围内依法经营快递业务，不得超越许可的业务范围和地域范围。

经营快递业务的企业设立分支机构，应当向邮政管理部门备案，报告分支机构的营业执照信息。

第十九条　经营快递业务的企业不得以任何方式委托未取得快递业务经营许可的企业经营快递业务。

经营快递业务的企业不得以任何方式超越许可范围委托、受托经营快递业务。

第二十条　总部快递企业依照法律、行政法规规定，对使用其商标、字号、快递运单及其配套的信息系统经营快递业务的企业实施统一管理,履行统一管理责任。

总部快递企业应当建立规范化标准化管理制度和机制,对使用其商标、字号、快递运单及其配套的信息系统经营快递业务的企业实施合理的管理措施,保障向用户正常提供快递服务。

第二十一条 经营快递业务的企业不得实施下列行为:

(一)明知他人从事危害国家安全、社会公共利益或者他人合法权益活动仍配合提供快递服务;

(二)违法虚构快递服务信息;

(三)出售、泄露或者非法提供快递服务过程中知悉的用户信息;

(四)法律、法规以及国家规定禁止的其他行为。

第五章 快递服务

第二十二条 经营快递业务的企业应当按照法

律、行政法规的规定,在门户网站、营业场所公示或者以其他明显方式向社会公布其服务种类、服务地域、服务时限、营业时间、资费标准、快件查询、损失赔偿、投诉处理等服务事项。

经营快递业务的企业公示或者公布的服务地域,应当以建制村、社区为基本单元,明确服务地域范围。鼓励经营快递业务的企业以县级行政区域为基本单元公布资费标准,明确重量误差范围。

除不可抗力外,前两款规定的事项发生变更的,经营快递业务的企业应当提前10日向社会发布服务提示公告。

第二十三条　经营快递业务的企业为电子商务经营者交付商品提供快递服务的,应当书面告知电子商务经营者在其销售商品的网页上明示快递服务品牌,保障用户对快递服务的知情权。

第二十四条　经营快递业务的企业提供快递服务,应当与寄件人订立服务合同,明确权利和义务。经营快递业务的企业对不能提供服务的建制村、社区等区域，应当以醒目的方式提前告知寄件人。

第二十五条　经营快递业务的企业应当采取有效技术手段，保证用户、邮政管理部门能够通过快递运单码号或者信息系统查知下列内容：

（一）订立、履行快递服务合同所必需的用户个人信息范围以及处理个人信息前应当依法告知的事项；

（二）快递服务承诺事项以及投递方式和完成标准；

（三）快递物品的名称、数量、重量；

（四）该快件的快递服务费金额；

（五）服务纠纷的解决方式。

用户查询前款规定的信息的，经营快递业务的企业应当按照《中华人民共和国个人信息保护法》的要求采取措施防止未经授权的查询以及个人信息泄露。

第二十六条　经营快递业务的企业应当建立服务质量管理制度和业务操作规范，保障服务质量，并符合下列要求：

（一）提供快递服务时，恪守社会公德，诚信经营，保障用户的合法权益，不得设定不公平、不合理的交易条件，不得强制交易；

（二）提醒寄件人在提供快递运单信息前，认真阅读快递服务合同条款、遵守禁止寄递和限制寄递物品的有关规定，告知相关保价规则和保险服务项目；

（三）依法对寄件人身份进行查验，登记身份信息，寄件人拒绝提供身份信息或者提供身份信息不实的，不得收寄；

（四）对寄件人交寄的信件以外的物品进行查验，登记内件品名等信息，寄件人拒绝提供内件信息或者提供的内件信息与查验情况不符的，不得收寄；

（五）在快递运单上如实标注快件重量；

（六）寄件人提供的收寄地址与快件实际收寄地址不一致的，在快递运单上一并如实记录；

（七）按照快件的种类和时限分别处理、分区作业、规范操作，并按规定录入、上传处理信息；

（八）保障快件安全，防止快件丢失、损毁、内件短少，不得抛扔、踩踏快件；

（九）除因不可抗力因素外，按照约定在承诺的时限内将快件投递到收件地址、收件人；

（十）向用户提供快件寄递跟踪查询服务，不得将快件进行不合理绕行，不得隐瞒、虚构寄递流程信息，保证用户知悉其使用快递服务的真实情况；

（十一）法律、行政法规规定的其他要求。

第二十七条　经营快递业务的企业投递快件，应当告知收件人有权当面验收快件，查看内件物品与快递运单记载是否一致。快递包装出现明显破损或者内件物品为易碎品的，应当告知收件人可以查看内件物品或者拒收快件。

经营快递业务的企业与寄件人事先书面约定收件人查看内件物品具体方式的，经营快递业务的企业应当在快递运单上以醒目方式注明。

除法律、行政法规另有规定外，收件人收到来源不明的快件，要求经营快递业务的企业提供寄件人姓名（名称）、地址、联系电话等必要信息的，经营快递业务的企业应当提供其掌握的信息。

第二十八条 收件人可以签字或者其他易于辨认、保存的明示方式确认收到快件，也可指定代收人验收快件和确认收到快件。

收件人或者收件人指定的代收人不能当面验收快件的，经营快递业务的企业应当与用户另行约定快件投递服务方式和确认收到快件方式。

经营快递业务的企业未经用户同意，不得代为确认收到快件，不得擅自将快件投递到智能快件箱、快递服务站等快递末端服务设施。

第二十九条 经营快递业务的企业应当按照法律、行政法规处理无法投递又无法退回的快件（以下称无着快件），并建立无着快件的核实、保管和处理制度，将处理情况纳入快递业务经营许可年度报告。

经营快递业务的企业处理无着快件，不得有下列行为：

（一）在保管期限内停止查询服务；

（二）保管期限未届满擅自处置；

（三）牟取不正当利益；

（四）非法扣留应当予以没收或者销毁的物品；

（五）法律、行政法规禁止的其他行为。

第三十条　经营快递业务的企业应当建立健全用户投诉申诉处理制度，依法处理用户提出的快递服务质量异议。

用户对投诉处理结果不满意或者投诉没有得到及时处理的，可以提出快递服务质量申诉。

邮政管理部门对用户提出的快递服务质量申诉实施调解。经营快递业务的企业应当依法处理邮政管理部门转告的申诉事项并反馈结果。

第六章　安　全　发　展

第三十一条　经营快递业务的企业应当建立健全安全生产责任制，加强从业人员安全生产教育和培训，履行法律、法规、规章规定的有关安全生产义务。

经营快递业务的企业的主要负责人是安全生产的第一责任人，对本单位的安全生产工作全面负责。其他负责人对职责范围内的安全生产工作负责。

总部快递企业应当督促其他使用与其统一的商标、字号、快递运单及其配套的信息系统经营快递业务的企业及其从业人员遵守安全自查、安全教育、安全培训等安全制度。

第三十二条　经营快递业务的企业应当遵守收寄验视、实名收寄、安全检查和禁止寄递物品管理制度。任何单位或者个人不得利用快递服务从事危害国家安全、社会公共利益、他人合法权益的活动。

第三十三条　新建快件处理场所投入使用的，经营快递业务的企业应当按照邮政管理部门的规定报告。

第三十四条　经营快递业务的企业使用快件处理场所，应当遵守下列规定：

（一）在有较大危险因素的快件处理场所和有关设施、设备上设置明显的安全警示标志，以及通信、报警、紧急制动等安全设备，并保证其处于适用状态；

（二）配备栅栏或者隔离桩等安全设备，并设置明显的人车分流安全警示标志；

（三）对场所设备、设施进行经常性维护、保养和定期检测，并将检查及处理情况形成书面记录；

（四）及时发现和整改安全隐患。

第三十五条 经营快递业务的企业在生产经营过程中，获取用户个人信息的范围，应当限于履行快递服务合同所必需，不得过度收集用户个人信息。

经营快递业务的企业应当依法建立用户个人信息安全管理制度和操作规程，不得实施下列行为：

（一）除法律、行政法规另有规定或者因向用户履行快递服务合同需要外，未经用户同意，收集、存储、使用、加工、传输、提供、公开用户信息；

（二）以概括授权、默认授权、拒绝服务等方式，强迫或者变相强迫用户同意，收集、使用与经营活动无关的用户信息；

（三）以非正当目的，向他人提供与用户关联的分析信息；

（四）法律、行政法规禁止的其他行为。

第三十六条　经营快递业务的企业应当建立快递运单（含电子运单）制作、使用、保管、销毁等管理制度和操作规程，采取加密、去标识化等安全技术措施保护快递运单信息安全。

经营快递业务的企业应当建立快递运单码号使用、销毁等管理制度，实行码号使用信息、用户信息、快递物品信息关联管理，保证快件可以跟踪查询。

任何单位和个人不得非法使用、倒卖快递运单。

第三十七条　经营快递业务的企业委托其他企业处理用户个人信息的，应当事前进行用户个人信息保护影响评估，并对受托企业处理个人信息的活动进行监督，不免除自身对用户个人信息安全承担的责任。

第三十八条　经营快递业务的企业应当及时向邮政管理部门报送生产经营过程中产生的与安全运营有关的数据信息。

经营快递业务的企业按照前款规定报送数据信息的，应当保证数据真实、准确、完整，报送方式符合国务院邮政管理部门的要求，不得漏报、错报、瞒报、谎报。

第三十九条　总部快递企业应当建立维护服务网络稳定工作制度，维护同网快递企业的服务网络稳定，并符合下列要求：

（一）实施服务网络运行监测预警和风险研判制度；

（二）建立健全应急预案；

（三）制定经营异常网点清单；

（四）及时有效排查化解企业内部矛盾纠纷，有效应对处置影响企业服务网络稳定的突发事件。

经营快递业务的企业发生服务网络阻断的，应当在24小时内向邮政管理部门报告，并向社会公告。

第四十条　总部快递企业按照《快递暂行条例》的规定，在安全保障方面实施统一管理，督促使用与其统一的商标、字号、快递运单及其配套信息系统经营快递业务的企业及其从业人员遵守反恐、禁毒、安全生产、寄递安全、网络与信息安全以及应急管理等方面的规定，符合国务院邮政管理部门关于安全保障方面统一管理的要求。

第七章　监督管理

第四十一条　邮政管理部门依法履行快递市场监督管理职责，可以采取下列监督检查措施：

（一）进入被检查单位或者涉嫌发生违法活动的其他场所实施现场检查；

（二）向有关单位和个人了解情况；

（三）查阅、复制有关文件、资料、凭证、电子数据；

（四）经邮政管理部门负责人批准，依法查封与违法活动有关的场所，扣押用于违法活动的运输工具以及相关物品，对信件以外的涉嫌夹带禁止寄递或者限制寄递物品的快件开拆检查。

第四十二条 邮政管理部门以随机抽查的方式实施日常监督检查，可以依据经营快递业务的企业的信用情况，在抽查比例和频次等方面采取差异化措施。

用户申诉反映的快递服务问题涉嫌违反邮政管理的法律、行政法规、规章的，邮政管理部门应当依法调查和处理。

第四十三条 邮政管理部门工作人员对监督检查过程中知悉的商业秘密或者个人隐私，应当依法予以保密。

第四十四条 国务院邮政管理部门建立快递服务质量评价体系，组织开展快递服务质量评价工作。

邮政管理部门可以依法要求经营快递业务的企业报告从业人员、业务量、服务质量保障等经营情况。

第四十五条 邮政管理部门可以依法采取风险提示、约谈告诫、公示公告等方式指导和督促快递企业合法合规经营。

第四十六条 国务院邮政管理部门或者省、自治区、直辖市邮政管理机构对存在重大经营风险或者安全隐患的经营快递业务的企业实施重点检查,提出整改要求。

第四十七条 经营快递业务的企业快递服务行为发生异常、可能在特定地域范围内不具备提供正常服务的能力和条件的,应当向邮政管理部门报告,并向社会公告。

第八章 法律责任

第四十八条 经营快递业务的企业将快递业务委托给未取得快递业务经营许可的企业经营的,由邮政管理部门责令改正,处5000元以上1万元以下的罚款;情节严重的,处1万元以上3万元以下的罚款。

第四十九条 总部快递企业采取不合理的管理措施，导致使用其商标、字号、快递运单及其配套信息系统经营快递业务的企业不能向用户正常提供快递服务的，由邮政管理部门责令改正，予以警告或者通报批评，可以并处3000元以上1万元以下的罚款；情节严重的，处1万元以上3万元以下的罚款；涉嫌不正当竞争或者价格违法的，将线索移送有关部门。

第五十条 经营快递业务的企业未按规定公示、公布服务地域、服务时限，或者变更服务地域、服务时限未按规定提前向社会发布公告的，由邮政管理部门责令改正，予以警告或者通报批评，可以并处3000元以上1万元以下的罚款；情节严重的，处1万元以上3万元以下的罚款；涉嫌价格违法的，将线索移送有关部门。

第五十一条 经营快递业务的企业不按照公示、公布的服务地域投递快件的，由邮政管理部门责令改正，予以警告或者通报批评，可以并处快递服务费金额1倍至10倍的罚款。

第五十二条 经营快递业务的企业未采取有效技术手段保证用户、邮政管理部门通过快递运单码号或者信息系统查知本办法第二十五条规定的内容的，由邮政管理部门责令改正，予以警告或者通报批评，可以并处3000元以上1万元以下的罚款。

第五十三条 经营快递业务的企业有下列情形之一的，由邮政管理部门责令改正，处1万元以下的罚款；情节严重的，处1万元以上3万元以下的罚款；涉嫌进行非法活动的，将线索移送有关部门：

（一）隐瞒、虚构寄递流程信息的；

（二）虚构快递物品的名称、数量、重量信息的；

（三）虚构快递服务费金额信息的；

（四）寄件人提供的收寄地址与快件实际收寄地址不一致，未在快递运单上一并如实记录的；

（五）未按本办法第二十七条规定向收件人提供寄件人信息的。

第五十四条 经营快递业务的企业有下列情形之一的，由邮政管理部门责令改正，予以警告或者通报批评，可以并处1万元以下的罚款；情节严重的，处1万元以上3万元以下的罚款：

（一）未经用户同意代为确认收到快件的；

（二）未经用户同意擅自使用智能快件箱、快递服务站等方式投递快件的；

（三）抛扔快件、踩踏快件的。

第五十五条 经营快递业务的企业未按规定配合邮政管理部门处理用户申诉的，由邮政管理部门责令改正，予以警告或者通报批评；情节严重的，并处3000元以下的罚款。

第五十六条 经营快递业务的企业有下列情形之一的，由邮政管理部门责令改正；逾期未改正的，处3000元以下的罚款。法律、行政法规有规定的，从其规定：

（一）未按规定向邮政管理部门报送数据信息或者漏报、错报、瞒报、谎报的；

（二）可能在特定地域范围内不具备提供正常服务的能力和条件，未按规定报告、公告的。

第九章 附 则

第五十七条 本办法自 2024 年 3 月 1 日起施行。交通运输部于 2013 年 1 月 11 日以交通运输部令 2013 年第 1 号公布的《快递市场管理办法》同时废止。